A GERAÇÃO QUE ESNOBOU SEUS VELHOS

Ricardo Lísias

A GERAÇÃO QUE ESNOBOU SEUS VELHOS

oficina
raquel

© Ricardo Lísias, 2022
© Oficina Raquel, 2022

Editores
Raquel Menezes
Jorge Marques

Coordenação editorial
Raquel Bahiense

Revisão
Oficina Raquel

Capa, diagramação e projeto gráfico
Paulo Vermelho

Dados internacionais de catalogação na publicação (CIP)

L769g Lísias, Ricardo, 1975-
     A geração que esnobou seus velhos / Ricardo
 Lísias. – Rio de Janeiro : Oficina Raquel, 2022.
    208 p. ; 18 cm.

    ISBN 978-85-9500-078-0

    1. Poesia brasileira I. Título.

                                 CDD B869.1
                              CDU 821.134.3(81)-1

Mais que livros,
diversidade

R. Santa Sofia, 274
Sala 22 - Tijuca, Rio de Janeiro - RJ, 20540-090
www.oficinaraquel.com
oficina@oficinaraquel.com
facebook.com/Editora-Oficina-Raquel

SUMÁRIO

INVOCAÇÃO 7

CANTO UM 11

OBRIGADO 19

NÚCLEO IDEOLÒGICO 37

CANTO DOIS 47

UMA LEMBRANÇA 61

ASSUNÇÃO DE MIRIAM NA RUA 81

BRASÍLIA 83

CANTO TRÊS 97

PROFISSÃO DE FÉ 103

EUROPEU 127

CANTO QUATRO 129

AUTORETRATO 143

COME ANANÁS 153

AUTO DA BARCA DO INFERNO 161

CANTO CINCO 183

ERA UMA ARMADILHA 199

INVOCAÇÃO

O poeta, ex-romancista,
não se sente bem e
então avisa: aqui tem de
tudo, inclusive abuso,
menos poesia lírica.
Não há necessidade
de contar a redondilha.
O meu gênero é a dis-
topia: o mundo sem
mais nenhum velho.
Não é teatro grego e
também não aceito que
seja um poema épico.
Se fosse pedir alguma
coisa para a musa, iria
falar da lembrança. Só
que não esqueço o carro

de um lado, e do outro
o menino indo para o
orfanato. Que ela me
permita uma breve e
forte imagem: eu sou
escravo da necessidade
de viver para a morte.
Não peço à musa que me
inspire e nem me dê o bom
verso. Aviso: eu quero rever
o menino. É apenas isso.

NO BRASIL,
não tem lugar para Homero:
mataram todos os velhos.
Foi isso mesmo o que eu disse:
para nós, jamais um Ulisses.
Nem mesmo pudemos antes
ser o próprio Inferno de Dante.

Um país com tanto aloprado
não tem por regra um Boccacio.
Se não tivemos uma epopeia
(nunca aprendemos a resistir)
agora não teremos nem a velha
forma da balada. O Brasil sempre
foi essa enorme vala. O mundo
se tornou alérgico ao nosso país
antiépico. O cínico império
latino-americano virou
um amontoado de sádico.

Com poesia não me meto.
Às vezes, só um soneto,
mas bem rápido o esqueço
e escondo o baita tropeço.

Está com vergonha? Conta.
Não, já me protejo de tanta

energia destrutiva. Espanta
isso que meu verso planta?

Não, para quem argumenta
que a arte é sempre violenta
e tem o gosto da morte.

Se você a procura, jovem
ou velho, saiba que fode
a vida em nome da lenda.

CANTO UM

Consigo demarcar o
ano de 2020, embora
não arrisque a data
de hoje. Pode ser um
mês ou bem depois.
Foi tudo muito rápido,
só demorou um detalhe:
o pânico que talvez nos
acordasse foi substituído
por um grito aqui, um
repúdio ali e nada de
concreto. Começo a
narrativa do nosso en-
terro com o presidente
sádico. Todos com medo.

Logo vivemos a primeira
crise: o presidente disse

que tudo era uma gripe.
De resto, se você for
atlético (como ele é,
afirmou o sádico) não
tem problema. Esperto,
passou a culpa para os
governadores, que partiram para a luta. Àquela
altura, 3 ou 4 mil mortos.
Aí depois de um mês não
havia mais cama na UTI
pública. Uso a do convênio,
tenho direito! Mas era
preciso não correr o
risco dos ricos não terem
onde se tratar. Começaram
as invasões, lembro bem.
Quem ataca um hospital
para salvar a própria mãe,

fica doente também. O
sádico mandou a polícia,
que no início reagia. Que
o soldado acaricie o rico é
normal, o empregado
pega a gripe do patrão
amado, que só repetia:
é preciso salvar a
economia. (O presidente da
Argentina avisou que
éramos um problema.)
Até na Corte Suprema
o sádico fez passeata com
empresário. Um ministro,
que era rico, atravessou a
fronteira, outro foi
barrado no estado do
Mato Grosso. Uma parte
do gado virou o rosto aos

poucos para o mito. Era
preciso recuperar a popula-
ridade. Alguém mandou um
meme no whatsapp: sabe qual
é a solução? Os velhos estão
ocupando todos os leitos,
feito formigas na terra. Se é
guerra, eles vão primeiro,
e não os jovens. Ao cruzar
com um velho vocês podem
abrir uma vaga de UTI.
Aja assim: dê uma paulada.
O Congresso fez um repúdio,
o sádico disse que não tinha
nada a ver e o Supremo, bem
ameno, abriu um inquérito.

Será um grito
ou algum tipo
de gemido?

Arrisco mais:
a Damares vai
acabar, cedo ou
tarde, com medo.
Tenho receio de
que sua idade
lhe entrega. Ela,
claro, nem ima-
gina. Se alguém
lhe avisa, não
acredita: a mi-
nistra é amiga da
família, repete
rindo. Então
fica escrito: ela
vai terminar com
um pinto no rabo.

A secretária da cultura não
teme mostrar o que sente: na

frente da CNN, com a bunda

pra cima, tem um orgasmo

(do jornalista ouve-se o

engasgo) enquanto ri alto

e diz que na ditadura morreram

uns mas, veja: sempre morrem.

A buceta vai se abrindo e ela

senta no pinto do chefe. Até

pede: posso ser leve? "Nesse

governo o tempo inteiro a

gente pensa em enterro e

aí goza. Viva a cova!", berra

a namorada da pátria amada.

Que desgosto: tinha na tal família

um monte de macho com mancha até

no osso. Eles batiam punheta com o

pinto escondido. E havia as meninas.

Jesus Cristo, o que era isso? As portas

fechavam e eles olhavam os caixões.
Muito mais: viva as valas! O sádico
avisa: começa a orgia. Quantas
mortes hoje? Quatrocentas e cinquenta
e sete. Chupa a minha pica com calor
que a porra te agrada. Chupa, escrava,
até o esperma. É guerra, é guerra! No
final todos faziam o sinal da arma.
Era orgia e tosse, pau duro e enterro.
Morria gente no país inteiro e eles
gozavam. Todo mundo sabia disso
e ficava mudo. A gente tínha medo.

Sente se não é uma coisa louca:
o cu do presidente faz o mesmo
que a boca. Esclareço: na certa,
ele fala e sai merda. Quando caga
a gente não sabe, e nem é o caso
de investigar. Se for mais bosta, é

hora de admitir: nosso caro mito
tem um duplo rabo. Um tem lábio
e o outro, é foda, só hemorroida.
Por isso o país caiu no abismo: no
lugar do cérebro, outro intestino.
Deixo um aviso: para curar essa
diarreia a senha é uma: "algema".

OBRIGADO

Foi por esses dias que minha
irmã ligou. Ela vivia em Foz
do Iguaçu. Na hora mandou o
presidente tomar no (é muito
educada!) e me disse que a
mãe iria com ela embora.
Nossa velha ainda tem muita
vida. Apesar da correria, havia
um voo. Foi o que salvou, por
sorte, minha mãe da

O presidente passa ranho
ao lado da mão e cumprimenta
seu rebanho. É imunidade de
manada, explica um ridículo.
Não, ele quer a tragédia e
será muito bem sucedido

na missão de organizar
o nosso genocídio.

A milícia juvenil foi estimulada
pelo presidente em pessoa, que
devia ter medo de outra facada.
A gente de bem aprende logo
cedo a se defender: me ouça,
povo! Ele passava meme e até
um vídeo incrível na rede social.
Quando um carro parou no farol
o motorista cobriu a boca, mesmo
com o vidro fechado, para dar um
espirro. Um menino viu e veio um
grito: ele tem covid! Quem assiste
fica impressionado: outros surgem
e arrastam o motorista para fora.
Ele grita e quem sabe tosse, já não
importa: é linchado até a morte.

Depois, os defensores da violência
argumentam inclusive na imprensa:
foi legítima defesa do leito de UTI.
(Logo cedo, a pessoa de bem aprende).
Aos poucos, os mais novos foram se
juntando e acabaram se tornando
milicianos mais jovens. Eles podem,
muitos diziam, pois são nosso futuro.

Nas lives do Facebook o presidente
sempre pedia: ninguém pune as
milícias juvenis. Vocês sabem: mais
pra frente são elas que vão garantir
a nossa liberdade. E aí os moleques
começaram a fazer de tudo: cuspe
em velho, porrada em mulher grávida,
alguém acha que se controlariam?
Na semana seguinte, o presidente
de novo finge: jovens exemplares,

podem confiar em todos na mesma hora. Uma velha virou cadela e puta só porque espirrou na rua. Não esqueça de queimar esse lixo, um moleque disse para o amigo sobre um homem que assoou o nariz e acabou levando três tiros dos meninos.

Decisivo também foi o sucesso de um senhor cuja vida se resume à cretina necessidade de levar a morte à política. É um astrólogo que fez milhões repetirem um monólogo: o comunismo está vindo. (O pinto já não levanta, a pança cai no saco, a calça aperta

e o cheiro de merda é
seu hálito). Falar em
comunismo devia ser o
caminho certo para o
hospício. Virgem Maria,
tanta gente acreditou que
os soviéticos estavam na
esquina. Seu método é óbvio
e eficaz: ele pede dinheiro
na net e grava vídeos em que
diz ser filósofo, mas só serve
para xingar todo mundo. E
de repente enfeitiçou tanta
gente, do crente ao tenente!
Tem um detalhe importante:
fugiu do Brasil antes de
disseminar a ruína. Nos
Estados Unidos foi ao
aeroporto esperar a

família do louco. Alguns perguntavam com um jeito burro: como todo mundo virou escravo do Olavo, esse pau d-alho?

Chegaram a montar um acampamento. O presidente lhes acenava de longe e dava a dica: pensa na minha pica enquanto alisa a buceta da sua esposa. Vai sair muita porra. Eles gritavam: Mito, me aceita, quero seu pinto!! A política brasileira virou isso: um presidente sádico e o povo de quatro. 30% com o cu para o alto, pedindo: Me fode, meu mito! Sim, eu te fodo, ele responde, meu eleitor querido. O presidente batia muita punheta enquanto pensava em cemitério.

Ele esporra quando vê uma cova.
Começou a ficar óbvio: não vou a
um enterro, revelou ao ministro,
pois meu pau endurece e arrisco
gozar na cueca. Com a cara lépida
e o cu faceiro, o ministro de quatro
implorou: fode meu rabo. Claro,
meu filho, ouço o pedido e te
fodo. Sua lealdade merece além do
meu pau mais um mês de emprego.
Eu mereço, agradece o abnegado.

Há quem controle o presidente de
rosto carcomido, gosto pela morte,
apelido de mito, ódio de pobre, só
pensa em golpe, peida pela boca,
acha que a tortura pode se for pra
esquerda? Um juiz? – faz-me rir!
– A igreja? – Que asneira. – O nosso

Congresso? Mas nem perto. O STF?

— Esquece! Alguém ainda sugere?

— Deus?! — Meus mais sinceros

sentimentos. Temo que nem o

inferno dê jeito. É pior que o demo.

O presidente foi ao

Supremo e gritou:

exijo que esqueçam

esse lixo de gripe.

Tive um resfriado,

sou atlético, não tem

perigo. Eu aviso,

homens da lei:

autorizem o trabalho,

deixem os funcionários

sair de casa. Essa gripe

não mata mais de vinte

mil. Vocês vão ver. E o

barão assinalado assina
embaixo: se é gripezinha,
liminar concedida. Viva,
ao trabalho, empregados!

O cu do ignaro vale mais
que a cabeça? Caso não
veja diferença, pensa no
seguinte: por mais arrom-
bado e triste que seja o
desgraçado, mesmo com
hemorroida e muita bosta,
do rabo dele ninguém
gosta (até onde a gente
possa imaginar...). Já da
cabeça e do que fala
e pensa, está cheio de
besta que acredita. Seria
melhor admirar a bunda

desse homem, pois nem
suja faz tanto estrago: é só
um rabo que ninguém come.

Talvez o que tenha
faltado ver é que
começa mesmo no
ridículo. Um filho
com o pinto minúsculo,
riam uns, o outro é
louco, espalhavam
todos e o terceiro,
corrupto. Tudo um
circo com o pai de
jet-ski. Pede pra
sair, muitos esperavam.
Só que o pintinho, o
maluco e o corrupto
tinham o controle do

povo de miolo mole.
São poucos, a turma
esperava. Pura cegueira,
a estupidez foi o
primeiro vírus. O
segundo foi tudo o que
o Brasil sempre varreu
com a vassoura cínica:
morra pobre, morra
preto, morra viado.
Quando o terceiro
viralizou era tarde:
Quem sabe agora?
Uns poucos rezaram.
Só que o doido, o
mão grande e o
pintinho já tinham
sido bem sucedidos
e tanto riso virou isso:

a piada macabra só
acaba quando não é
mais com o vizinho.

O único fim disso é
o pintinho rindo por
último, o rachadinha
mais rico e o pirado
chamando todos de
baita otário.

O gabinete do ódio
conhece o código:
O astrólogo insinua
lá dos Estados Unidos,
os meninos aqui desen-
volvem e circula na rua
o ataque, direto no
whatsapp. Depois, um
milhão de robôs age até

que todos os apoiadores
do presidente sádico
estejam cientes da nova
mensagem bem clara.
Não falha jamais.

Sergio Moro, visto de
longe era quase um
touro. Quem chega perto
(lê o processo) percebe
que é miúdo: só, na
verdade, um poodle.
Ah, Sérgio, Sérgio,
a vaca foi pro brejo.
Prender todo mundo é
o que eu quero! Terminou
pau mandado do presidente
de boteco. Ah, Sérgio,
Sérgio, a vaca foi pro

brejo. Dizia: "eu não
tenho lado", acabou
todo arrombado. Torceu
o Direito, teve contato
estreito com os promo-
tores, influ horrores em
sentenças frágeis. Achando-
se muito esperto, foi
responsável por eleger o
político abjeto que depois
lhe fodeu do cu ao reto.
Ah, Sérgio, Sérgio, a vaca
foi pro brejo. Quem diria:
passou de herói do país inteiro
a outro na fila do desemprego.
Vamos admitir? Se era macho,
acabou capacho de miliciano.

Vou descrever de um jeito claro
a minha fuga. Se sinto culpa?

Muito mais: sou um filho da puta,
ou apenas um mero literato.
Tudo foi muito rápido. Durou
quanto tempo? É um mistério.
Logo apareceu a primeira Zona
de Exclusão de Velho. Era no
centro de São Paulo. No começo
foi administrado por um empre-
sário. Sejamos justos, berraram os
milicianos juvenis: você tem 65
anos, é um velho! Ele tosse e
cada dia o país assiste a um pouco
da própria queda. A gripe era frescura,
a eleição foi fraudada, na escola a
criançada não pode saber da ideologia
de gênero, tenho responsabilidade! O
governo age para que o homem case
com a mulher. Menina veste rosa! Ora,
o governo existe para armar o cidadão.
não é estímulo ao crime e nem vínculo

com miliciano! É o mínimo de proteção! Na estrada radar não é importante, e sim a liberdade! Mais nada! Ninguém sabe, mas na verdade um número de acidente faz parte da contabilidade dos convênios médicos. Temos um presidente que se preocupa com o lucro dos hospitais. E meio mundo ia atrás, enquanto tudo ruía. Era a tia do zap, o empresário do Madero, o povo inteiro da FIESP, o tio que não cresce, o homem que bate na mulher, que odeia artista e ama o patrão que não quer pagar direito trabalhista. Até que um dia o vírus lhe tirou o fôlego. O mito continuou altivo: estou no controle! Hoje já morreram mais de dez mil, o que o confirma: ele não gosta de vida e, caralho, é mais um agente funerário do que outra coisa.

Goza com a morte, desdenha da ciência, torce os números. Fomos esse tempo inteiro aguentando, uns energúmenos. Agora acabamos todos defuntos. E ele de pau duro insiste: me ouça, trouxa, morra! O povo vai lá, ouve e morre...

NÚCLEO IDEOLÒGICO

No dia com mais mortes,
o sádico aparece na live
(não sabe fazer mais nada)
para tentar rir com uma rima:
cloroquina com tubaína. Na
verdade, quer preparar o
leito para ver se consegue
foder hoje direito. Um
boato que se espalhou:
as orgias no Planalto ele
adora, mas só assiste, por
causa da facada. Um ministro
come o outro, o presidente
de toalha olha e de repente
bate palma com cara de bravo.
Eles param para começar o
coro: Olavo! Olavo! Depois

uma nova rodada de foda,
todos com todos, mas bem
organizado: mulher de rosa.

Aproveite o canto primeiro.
Tenho medo que os outros
não sejam tão claros. Todos
serão escritos fora de casa, no
meio da desgraça, sem nada
além do receio de nunca mais
vê-lo. Foi tudo muito rápido:
o menino de um lado, minha
esposa no carro. Será que
ainda os acho? Depende do
que disser a senhora, decido
minha vida. Fala, amiga.

Invadi uma Zona de Exclusão
de Velho guiado
pelo caminho da escolinha do

meu filho. Tinha a fita de
contenção, uma cadela aflita
e o resto, deserto. Vi um prédio
apagado e entrei no escuro.
Foi tudo muito rápido. No
segundo andar achei uma
porta aberta. Era a casa da
velha senhora, mas só a vi
na cama depois de ter feito
um lanche e guardado na
mochila o resto. Não quero
atrapalhar o sono da senhora.
Logo vi que estava morta.
Resolvi ocupar o sofá. Dormi
um pouco, depois fiquei insone.
Se esconde, ela me disse, mas
da janela não notei ninguém.
Quando fala, o bafo
do Bolsonaro parece
um peido molhado

daquele que vai do
cu ao rego. Se o sádi-
co dá risada, sua cara
se transforma em uma
privada entupida. Le-
vanta a cloroquina
como se fosse um
troféu, tem gente
que acha que é doce
o que sai daquele
rabo fedido, come
como se fosse mel,
só que é merda que
acerta todo o país.
Um presidente que
só presta para dar
vergonha até para a
gente mais tonta, só
lhe resta os canalhas,

sem vergonha na
cara, pena que é tanta
gente que não acaba.

Pouco antes do final de tudo,
houve um estupro e uma menina
de dez anos ficou grávida. A
ministra Damares, a gente sabe,
logo tomou conta: não vamos
interromper essa vida, a menina
vai ser criança e mãe: é Deus que
determina! A barriga cresceu, o
país não podia deixar a pandemia
de lado e logo o caso sumiu da
TV. No sétimo mês a mãe sangrou
muito e o bebê nasceu prematuro.
Por whatsapp, uma milícia soube
do parto e como estava perto correu
até lá: um adolescente balançou o

pinto na frente da enfermeira que lhe atirou na testa uma tesoura. Começou uma guerra. Logo outras milícias chegaram. A ministra ligou no zap: vamos fazer uma festa! Foi Deus, foi Deus! A mãe saiu com o bebê em um carro um pouco antes do incêndio. O hospital virá abaixo três ou quatro horas depois. O fato não saiu na TV, àquela altura a menina mãe estava no orfanato. Damares sentiu febre e tosse: por mais que o gado ore (ele não faz isso), quem tosse morre e outra milícia a matou, não sem antes meter a pica no rabo da ministra, que ria: deu uma foda bem na hora da morte. Avisa o leitor desavisado: o que controlou esse país foi o rabo da ministra Damares. A milícia lhe mete uma paulada na testa e depois a pica no cu (menina veste rosa e menino, azul). E o mais bizarro não foi esta cena: antes de morrer, ela ajoelha e reza, já que sempre se achou protegida: meu Deus, me salva dos meus meninos cativados para impedir um aborto mas que aos poucos ficaram violentos. Temos que salvar vidas! e toma-lhe pica, ministra, velha doida, berrava o moleque boca suja, morre puta, falava o outro, escuta uma coisa, exclamava o terceiro: mesmo com cara de louca põe a boca na minha rola. E a ministra moralista terminou estuprada. Muita gente achou bem feito, até você, meu leitor atento... Olha para o céu e imagina.

O que? Me diga logo.

Tudo o que você pode.

Este é um jogo de morte.

E continua nele, artista?

É que custei a notar.

Vou fazer outra pergunta.

Antes me diga o seu nome.

E importa como me chamo?

Magano. É o que percebo.

A desgraça lhe enlouqueceu.

Achei que assustasse mais.

Somos quase iguais, homem.

Sem chance, você quer confundir.

Por que afirma algo tão forte?

A morte lhe deixa calmo.

Então veja se diz meu nome.

Jair Messias Bolsonaro.

Ficará bravo se eu gargalhar?
Vai e eu lhe soco a cara.
Não posso rir da palhaçada?
Para os vivos não tem graça.
Dessa gente, não pertenço.
Então, é pior que o presidente?

Se estou na cobertura
ou se ouço a cor escura
do esgoto, um pouco de
vista me resta: a sombra
que usa um manto e me
espera ansiosa é um ca-
chorro. Tento vê-lo.
Tenho medo. É negro e
olha altivo, explora os
lados ou espera que
alguém lhe siga. A minha
vida, grito daqui, já não

me interessa. Ele se vira
e ergue o pelo. Desse jeito,
parece me explicar: você
desce aqui, se estiver no
alto, ou se aproxima. De
toda forma, a vista me
assusta. Ele urra e se queixa:
venha, besta. Escuto confuso.
Venha, covarde, puto. Agora
ele late. Eu o abraço e ouço:
o mundo não lhe ofereço,
mas se do medo o senhor se
livra, concedo o último desejo.
Abro os olhos ao máximo e
digo: certo, quero ver o meu
filho. Para isso aceito sim o in

CANTO DOIS

A gente chama de general
de pijama os que se aposentam
mas tentam manter o poder
de qualquer jeito: receio que
troquem as armas pelas
falas desastradas e o com-
portamento estridente que
serve para proteger o
presidente. Só que de repente
começou o motim e enfim
ficou óbvio: se é velho,
mesmo militar, é tóxico.

Meu 6º sentido insiste: ela
não morreu de COVID. Os
olhos estão quietos, então
não tinha netos. Penteou os

cabelos, temos a resposta:
fechou a porta com gestos
tranquilos e contou os
comprimidos. Sem dor,
puxou as cobertas e acabou
com toda a trágica festa.

Tentei criar para ela uma
história. Achei algumas
fotos velhas e um porta-
-retrato ao lado de uma
mesa com um crucifixo.
Dela deve ser a filha que
está com o marido. No
computador, não achei
nada. No resto da sala,
algumas revistas. Poucas
roupas, todas arrumadas.
Talvez fosse alguém que

pretendesse viajar. Ainda
faltam as malas e um
quarto com as caixas de
sapato. Mas o cheiro
está forte. Mesmo com o
prédio vazio (insisto que
não ouço nada), logo me
descobrem. Então vou
embora sem saber sequer
qual era o seu nome.

Quando soube que a Argentina
seria a primeira a fechar a
fronteira, o sádico riu: que
besteira, lá o governo é de
esquerda. Esqueça, nunca
fomos hermanos. Não pre-
cisamos de peronistas. Foi
o começo da lista: o Paraguai

veio depois. Eles também?
pergunta o mito para o gado
e garante: não abro mão do
meu amigo Donald Trump!

O mundo está certo:
fechem mesmo a porta
para o Brasil infecto.
Se o povo vota nesse
tipo de político, não
importa o país que se
protege: é ridículo se
expor por qualquer
coisa, ainda mais
por causa dessa corja
de assassino que
festeja a morte rindo.

A senhora dorme até essa hora?
Não, eu estou morta.

E eu tenho medo.

Por isso acorda tão cedo?

Nem dormi direito, quase nada.

Em outra época eu diria bem feito.

A senhora tem raiva?

Agora não sinto mais nada.

Parece um apartamento de gente feliz.

Nunca quis aceitar a tristeza.

Por que a senhora seria triste?

Arrisque viver setenta e cinco anos.

Esse risco acho que não corro mais.

Então tente fazer um exercício.

Eu teria uma casa e aposentadoria.

Certo, e não pensa em mais nada?

Acho que filho e neto, mas agora...

Está preparado para o que vai ouvir?

Sei que perdemos tudo.

Já eu perdi faz tempo...

A senhora é viúva, não tem família?

Minha história não é essa, e nem a sua...

Então, por que disse aquilo?

Quando seu menino cresce, tudo muda.

Claro, mas ele visita sua mãe sempre.

Tente imaginar um neto crescendo e a velha...

Desculpe interromper, mas foi assim comigo.

Sei, com você e com todo mundo.

Então, não sei qual seja o problema.

Com certeza! Ninguém sequer percebe.

Se der, peço que me explique.
O neto cresce, o filho adulto e os velhos...

Interrompo de novo: se tiverem algum dinheiro...
Eu que te corto: para nós é outra coisa.

perdemos a força
ouça o neto
certo dia ele
pergunta: vovó
me assusta se
você vai morrer
e a gente sabe
que não está longe
ser velho é cair
onde tudo cresce
e ninguém percebe
que a gente precisa
de companhia não

todo o tempo, mas
sabendo que não
temos muito, tudo
é lento e menos, só
que temos pressa e
o paradoxo deixa
a avó ainda pior.

Logo os corpos estavam
amontoados na rua. Puta
que o pariu, o mundo
percebeu: o sádico brasileiro
provocou a morte dos seus.
Os hospitais ficaram
lotados, as UTIs exigiam
uma seleção: sempre entra
quem tem mais chance.
Antes, eram todos. Alguém
lembrou o meme e os

mais velhos foram
assassinados. Um empresário
defendeu que 7 mil idosos
seria razoável. O sádico
de Brasília ria e achava
que o dobro era pouco.
Tudo aconteceu muito
rápido, um ministro caiu
e o outro não sabia
colocar a máscara. Na
Páscoa já não tinha clima
para festa. O presidente
era o maior propagandista
do sacrifício das vidas
para não perdermos o
emprego. Não temos
economias para dar um
jeito nisso. O sádico
sempre ama um salário.
O chicote é para ele o

próprio homem. Me fode,
lhe diziam na frente do
Palácio do Planalto.
Eu te fodo, meu povo!
Era a resposta do defen-
sor do emprego que gosta
de arminha. Te amo, revólver,
sou muito homem! Até que
o governo americano deci-
diu: do Brasil não vamos
mais deixar que nenhum voo
aterrisse. Vixe!
Não tem nada, posso ser o
Papa, rezou o presidente.
Essa terra abençoada, cheia
de gente tarada, com a
calça arriada para levar
a rola de um antigo
deputado sempre à toa
que de repente virou herói.

Sabem que doi, mas acham
que é melhor do que os
seguidores de Lênin: nem
quando são estuprados
admitem. Mete a pica na
gente, mito, nada de político
socialista! O povo te ama,
presidente infectado, e que
o resto vá pra Havana!

Eu podia, o verso me
concede, olhar do alto
do prédio e enxergar o
piso. Já sou velho e se
imito o menino que
caiu enquanto a patroa
fazia a unha, que puta,
é uma coisa que até fica
boa se tiver rima interna,
que égua essa mulher.

Espera: e haveria outro jeito?
Tenho pensado o tempo inteiro
e no final, olhando o chão
ainda de cima do prédio,
concluo que o verso é um
beijo no demo, qualquer que
seja o poema e o inferno.

Olha, amigo, mas fica de longe
pois a gente não sabe de onde
vai aparecer a horda: uma senhora
chora sobre a ponte do Rio Pinheiros.
Ouve agora: um único carro se arrisca
e o motorista grita: se atira, velha,
antes de nos contaminar! Ela vai?
Talvez possa buscar ajuda. Mas de
quem? Não, ela de fato pula.

Outro sinal que ninguém
soube entender bem. Um

pouco antes o gabinete do
ódio espalhou esse negócio:
avisem todos, cachorro e
gato tem COVID! Veterinários
negaram, mas muitos já tinham
matado seus animais ou os
envenenado atrás
da cura. Então jogavam na rua
o corpo do cachorro e os

adolescentes faziam fogo.
Alguns berravam na calçada:
mata mata mata e mostravam
a arminha para quem olhasse.
Como depois disseram que sim,
o veterinário que cuida do Olavo
confirmara, era um esquadrão por
rua: você entrega seu animal de
·estimação, do contrário, corre o

risco de ir junto. Por cuidado,
em um outro bairro pintavam
um X azul na porta de quem
quis um dia criar um animal.

E a prova veio sem demora:
a pessoa tossia. Assim
começou a história do massacre
e da milícia, para quem não sabe.

UMA LEMBRANÇA

Marca a mudança quando
metade dos celulares tinham
imagens com a mensagem:
mate um velho com uma
pedra na testa. O massacre
começou pelo whatsapp.
O gabinete do ódio viu logo
a gafe. Ave Maria, gente,
vamos fazer outro meme:
é para matar o velho que
tosse, para sobrar mais
médicos. Jamais mate
os de porte atlético. Só
que aí era muito tarde.
O mito fez uma live
para tentar corrigir o erro:
"percebo que o povo está

tenso. O presidente pede:
é só o idoso com febre..."

Foi em agosto ou setembro, se
bem me lembro. Tudo aconteceu
muito rápido. Quem tinha um gato
um cachorro ou até um pássaro
(tartaruga e porco-da-índia) entregou
a criação e teve o apartamento
marcado. Depois, um calendário
mostrou que vários acabavam
doentes. Vieram os memes pelo
whatsapp: abre a porta e enfileire
todos na rua. Era só para o teste, mas
o que merece essa gente sozinha e
com suspeita?, quis saber o rapaz da
arminha. Salvou-se quem pôde.

Minha mãe e minha irmã estão
vivas. Quando começaram a abrir

o fosso entre o Brasil e o Paraguai
elas foram. Não posso saber nada
mais: nesse mesmo dia cortaram
a internet. Ninguém nos escreve
há anos. Ou serão somente meses?
Para nós não deu tempo, fomos
correndo, mas quando chegamos
tinham fechado o outro lado. O
Paraguai nos abandonou. Na volta
cruzamos com uma horda
juvenil. Foi foda, mas escapamos.
Faz muito tempo? Não sei quantos.

Explica: para você a violência está
só na criação ou também na crítica?
Não é em toda escrita, sobretudo na
representação. O problema é esse?
Veja: não apenas, tem ainda a circu-
lação. Não entendo. O fato do texto

ser julgado bom. O efeito é danoso?
Sim, cria um fosso. O que tudo isso
esconde? O encadeamento de corpos.
Não entendo todos esses argumentos.
Senhora, para uma obra se sobressair,
a técnica se alia a uma tragédia. Nem
sempre. Tente pensar em um caso
diferente. Os jardins de Monet. O que
a senhora vê? Tranquilidade e
beleza. Há quem veja a história se
dissipando. Não é para tanto. As
visões são infinitas. De todas as
obras artísticas? Sim. E o que tem de
mal nisso? A princípio, nada. Pois,
então! Logo aparece a questão da
qualidade. De novo, pergunto: o que
tem de mal nisso tudo? Muita coisa:
o circuito da mercadoria. Será que
entendi: a minha vale mais que a sua.

Quase: a sua nem precisa ser lida.
Imagino: a outra já diz tudo... Sim, é
esse o caminho. E tem mais? Por aí
vai, os dilemas não acabam. Espera,
tem um problema: então, por que
alguém deve ler esse poema? Pois
é, se eu falo, parece defesa de causa
própria, o que só piora a violência. E
que jeito deram até hoje? A senhora
me trouxe uma pergunta mal discutida.
Como termina? Normalmente em briga.

Ainda não tínhamos nem
mesmo voltado para casa
quando resolvemos descer
para a praia. A família da
minha esposa havia comprado
um lugar numa balsa que
iria tentar chegar à África

ou navegar para a Argentina,
desembarcar no Uruguai
ou ao menos ser resgatada
por um navio estrangeiro e
pedir asilo. No litoral inteiro
estavam fazendo isso. Mas a
marinha tinha sua própria
divisão de milícia. Os
almirantes eram idosos,
deviam já estar enterrados,
os ossos no mar. Alguns
navios haviam sido tomados.
Teve um motim na fragata
Rademaker
e um grupo de velhos entrou
com seus filhos e netos. Lanchas
foram atrás, mas a última
informação mostrou que tinham
conseguido ser resgatados pela

França. O presidente foi à
TV dizer que a esposa do
Macron é feia por causa
disso. Muitos outros navios
foram invadidos até que a
milícia juvenil fechou o acesso
ao litoral. Minha sogra e os
tios, a avó da minha esposa,
outras pessoas conseguiram
fugir. Agora só tínhamos
nós no Brasil e voltamos ao
apartamento em silêncio.
O meu bairro era perto de
uma Zona de Exclusão de
Velho. Agora era importante
não tossir. Sim.

Quando a crise se inicia
é o próprio sádico que

estimula a milícia juvenil:
no Brasil, sempre existe
a chance de um golpe,
então o jeito é que o
cidadão se arme. E antes
que a gripe leve o jovem,
que tem porte atlético, o
chefe do executivo
aconselha: não seja
besta, compre um revólver,
uma baioneta e não esqueça:
se proteja. E se achar
que está vulnerável aos
malandros, não pense
tanto e se junte aos
amigos. Unidos os jovens
podem fazer a diferença. Em
vários bairros os rapazes se
juntaram por rua e os mais

ágeis enviaram ao presidente
uma foto da turma. Ele aplaudia e estimulava: viva a arma!

O presidente gostaria
que a milícia tivesse
ordem: vocês podem
agir por conta própria,
mas o ideal é que tenham chefe: cresce o
poder. Ele tentou passar o que sabe em uma
live: quando estiver com
o revólver, nunca olhe
demais. Vai e age. Quem
tosse, você resolve na hora.
O resultado foi um pouco
diferente. Um grupo no zap
cresceu tanto que virou

quase um mapa: vi um
velho na praça, corre aqui,
moçada! E era bala na cara,
paulada na testa. Espera,
gente: um menino ergue o
corpo do idoso para uma
foto. Não esquece de mandar
para o presidente. Isso, sempre!

O quadro aparece todo no
telefone: um velho tem o
saco cortado antes de ser
morto. Outro é queimado
enquanto grita e a milícia
ri: vida de idoso a gente
acaba no fogo, vocês estão
todos contaminados. Um
estupro é transmitido ao vivo:
o que é isso, uma senhora grita

e é ouvida pela vizinha, que

avisa o sobrinho miliciano: ele

corre, mata a velha e fode a tia

com uma barra de cobre, filmando

do mesmo jeito, enquanto bate

punheta: que bela tarde, grita! Bem

feito, gritam os meninos, rindo,

enquanto no zap o presidente

distribui sorrisos. É esse o Brasil

que eu quero! Depois, congratula

os milicianos: ferro nos velhos,

pinto nas tias e essas mortes

bonitas! Agora, peguem uma arma

e mirem na testa de mais um idoso:

estou vendo, fogo!

Hierarquia rima com ironia,

é óbvio demais: o militar

ocupou o lugar mais patético.

Quero ser claro: acho que
cavaram o próprio buraco.
Quem vai para a guerra acha
que a velha experiência vale
muito. O general manda no
tenente. Santa ingenuidade!
Como a gripe ataca idoso,
agora aguente. Os mais
graduados foram internados
no quartel. Logo alguém disse:
mas pessoal, cadê o vice?

Ali onde havia um ministério,
um certo general Heleno do
Haiti, costumava bater na
mesa. Esqueça a valentia,
abaixa a crina e perceba:
apesar da hierarquia, você é
velho. Não quero nem ver...

tinha outros generais
a cara fechada
valentia da farda
o saco pendurado
do pau nem falo
a maioria barriguda
tudo muito macho
caralho, só acho
que não atentaram
para isso: matem os
velhos! Não interessa
se é milico, também
transmite o vírus.

Não invento nada.
No meio da pandemia
é melhor ser sargento
do que tenente. O cabo
a priori está salvo, a

menos que o soldado
perceba que ele já tem
trinta. Ainda assim, o
pior é o general: o motim
não demorou muito,
pois como se sabe a base
apoiava o mito. E de uma
hora para outra, a hierarquia
militar foi só da boca pra fora.

O gabinete do ódio deu a ordem:
se o velho tosse, morre. (Essa foi
a primeira). Queira entender: não
importa se é quartel ou puteiro,
vale para o país inteiro, até na
zona que é o Rio de Janeiro. Um
capitão tossiu e o cabo o empurrou
para trás das grades. Dois tenentes
reagiram e levaram uma paulada

na frente de um general. Claro que
havia o antigo ressentimento. O
que é isso, o graduado gritou e
levou o sarrafo nas costas. Mas que
caralho! Em três horas, tudo apareceu
no zap. E aí a gente sabe: foge
do controle. Houve uma tentativa de
barra-los, mas em um dia, talvez
dois ou três, não havia mais hierarquia.
Isso mesmo, o general Heleno parou
num buraco, o Santos Cruz foi pro saco
e o Ramos ninguém sabe, entrou pelo
cano. E o mundo repetia: e o vice?
Existe a chance de estar morto, todo
militar de alta patente... Quando viu que
tinha tudo desabado, a família do presidente sádico embarcou no avião e se
mandou. Foi por pouco! Já moravam
havia alguns dias no aeroporto. Os

milicianos quase os pegaram enquanto gritavam: o mito é sádico e gostoso, só que é velho, vai pro fogo, Bozo! Não deu tempo e a família saiu vitoriosa. Hoje mora em Miami e antes de qualquer coisa já fez a lição de casa: apoia o Trump e paga o Olavo, gente de merda do caralho.

O cabo ficou uma semana em cana porque deu o drible da caneta no tenente. Essas coisas não saem da nossa cabeça. Quando começou o motim, ele correu até o cara e sem falar muito, explicou: não sei a sua idade, mas é mais velho que eu, então vai preso. O sargento que deveria proteger o superior estava longe: é mais velho que os dois. Então o tenente pôs a mão na arma: calma lá! Apareceram mais três cabos, aqui você já não manda nada. Só que logo os soldados na sala explicaram que os cabos tinham mais de vinte e seis anos, e nós de dezoito vamos prender vocês. Na cela o tenente foi obrigado a limpar o chão, acabou tossindo e então foi linchado em uma live pelo instagram de um cabo. Amanhã, por outro lado, ele mesmo estará enterrado, já que os soldados não toleraram a confusão e decidiram cumprir o segundo meme: gente, se é velho, agora não esperem tossir, fora!

Nessa época ainda tínhamos TV? Não sei, talvez. Veja, só vou me ater ao que tenho certeza: você podia ver o avião da família inteira decolando enquanto um jipe verde oliva com uns rapazes quase adolescentes entrava na pista. Lá dentro, um dos príncipes tirou o pau e virou em direção ao nosso país. É incrível mas muitos

que ficaram gostaram e inclusive queriam
aquele pinto flácido no próprio rabo.

Quando voltamos da fronteira
era fácil ver que tinham decla-
rado guerra: liguei a TV e na
tela a última imagem que
aparece é o avião com a família
do presidente decolando. Depois
a milícia juvenil entra na pista,
mas não dá tempo e o voo segue
para os Estados Unidos. Lá dentro
ele e os filhos abaixam a calça
e balançam o pinto: por um tempo
muita gente gozou com o gesto.
Credo, uma comissária insinuou
e logo foi estuprada. Um outro
quis dar, mas gay não pode e
fizeram gesto de arminha. Foi
a morte daquele homem, lin-

charam ali mesmo, olha a arminha! Nesse dia a TV foi cortada. A gente já não sabia quem nos governava. Cada região tem a própria regra na guerra. Dei a primeira tosse.

ASSUNÇÃO DE MIRIAM NA RUA

descia a chuva incontornável

o céu desabava em farrapos

então foi ascendendo aos céus

o corpo deixado na rua

pelos filhos após loucura

pelas suaves alturas

após loucuras

na rua

eu vi histérico

havia o filho assustado

os lençóis por cima

Miriam subiu

A milícia veio

Queimou o corpo

E levou o filho

morto

BRASÍLIA

Brasília é uma cidade
covarde. Em cada canto,
um candango morto. O
sonho de Niemayer destruiu
um quilombo. O lago Paranoá
era uma favela. Com pressa,
alagou centenas de barracos.
Todo mundo sabe que um
massacre inaugurou a capital,
só o Lúcio Costa nega. Rima
com bosta. Ainda era cedo
no alojamento da Pacheco,
começo do carnaval.
Os homens queriam um feriado,
mas a construção atrasava:
não tinha Congresso, nem
Esplanada e muito menos

Palácio do Planalto. Para evitar
a diversão, retiveram o pagamento.
Credo, no jantar tinha inseto.
Houve um protesto e dois guardas
quiseram levar o companheiro.
Bem feito: os outros não deixaram.
Passou meia hora, a guarda voltou
mais armada e matou uma centena.
Até hoje, dizem que é mentira dos
pobres. Os corpos estão nos alicerces
da torre de TV, só que ninguém
aceita. É a maneira de apagar a
história daquela gente preta.

No dia 20 de abril de 1997, bem
cedinho, o índio Galdino dormia
no banco de um ponto de ônibus
pois chegou tarde na pensão. A
porta só ficava aberta até as 21

horas, mas a festa estava animada. O índio pataxó Galdino dormia sozinho. Cinco meninos tinham ido a outra festa e viram o índio Galdino dormindo sozinho. Por um momento resolveram parar o carro e riscar um fósforo no corpo do índio, não sem antes lhe jogar álcool. Um gostava de talco, outro era alto, o terceiro é brasileiro, o quarto temia assalto e o quinto, acharam lindo. Todos moravam no plano piloto. Colocaram fogo no índio Galdino e fugiram rindo. Pegando fogo, não pôde ver muita coisa: estava escuro e seu rosto logo queimou. Um gosto muito quente lhe apareceu e ele ergueu um braço em

direção à ajuda. Vai, menina,
ela correu quando o viu, como
ela grita! Um rapaz não consegue
chegar perto, mas sabe que podia ser
ele e com um aceno para um
carro e aponta a chama. O
motorista grita "como a menina"
e procura o extintor. O mundo
se fecha e só interessa esse grupo:
a menina, um viado e um motorista de táxi fazem de tudo, mas
ninguém pôde salvá-lo. Até hoje
fecham o olho e se lembram daquela noite do inferno. Quero lhes
dizer: se voltarem a vê-lo, Deus
será justo. Quando prenderam o
bando, acho que me arrependi,
um disse para o delegado. Outro
só chorava e o terceiro é brasileiro.

Foi sem querer, disse o quarto.
O quinto, nem sinto muito teve
coragem de falar. Na capital do
Brasil o corpo do índio Galdino foi
queimado porque cinco meninos
estavam atrás de brincadeira e resol-
veram experimentar se pele de índio
é igual à da gente. Galdino deixa um
menino, seu filho, e a tribo, pois era
cacique. Estive em Brasília e fui
até o lugar da chama. Ninguém
lembra, parece quase lenda urbana.
(Eu me pergunto o quanto o poeta
não está mais perto do grupo dos
meninos assassinos. Aqui não vai
ter festa sobre o corpo do índio
Galdino, claro, e muito menos a
poesia vai ser bela. Ainda temos
alguma noção. Mas no final o

livro vai ser isso: um índio
queima, vira poema e dele o que
sobra é uma obra de arte. Vale?).

A cidade de Brasília
na verdade é um monte
de cadáver. Teve o
presidente, o tal de
Tancredo Neves (espe-
rem os netos) que depois
de morto fez foto ao
lado dos médicos para
nos mostrar que estava
vivo e com isso evitar
que a democracia de
novo caísse. Aí veio o
vice, que não passava,
meio como o outro (o
morto) de fantoche da

velha guarda. Acho que
da cidade só se salva o
lago, diz um coitado
ingênuo. O Paranoá foi
cheio por cima de uma
comunidade de operários,
metade das coisas dessa
gente ficou embaixo. É
como se uma ruína por
cima espelhasse a outra,
submersa, nessa terra que
já nasce no chão adubado
com cadáver de operário,
pedreiro e eletricista. Só
podia terminar com um
presidente que adora gente
morta. É muito foda.

Talvez você possa
ler esse poema

como se estivesse
sendo currado por
uma tocha acesa
ou pregos na bu-
ceta. Brasília já
abrigou o amigo
do diabo: Carlos
Alberto Brilhante
Ustra. É claro que
como ele tivemos
outros (inclusive
o pulha que o
homenageia).
Vamos aqui falar
de todos como
se fosse um único
desgraçado. Pri-
meiro, é valente
se o inimigo esti-

ver amarrado. O
Ustra vem sempre
com uma turma.
Arruma amigo no
poder. É tido como
corajoso: não
passa de um escroto
que, covarde, traz
consigo o Mal: bate,
enforca e estupra.

Talvez você possa
ler esse poema como
quem avisa: agora é
tarde, largue esse
livro e grite para
os vivos: quem
defende o Ustra é
mais do que filho
da puta. Quero ser

claro: gosta do
inferno, ejacula com
tortura, ri de quem
sofre e ama a morte.

Quem passa por
Brasília precisa ter
medo: cedo ou tarde
você não evita e dá
de cara com algum
fantasma vindo do
inferno. Não quero
fazer uma lista: isso
é poesia e não inven-
tário, é claro. Então
dou um exemplo:
ande pelo lago ou
na esplanada, visite
cada beleza do arqui-

teto comunista. Deixe
um monumento te
levar a outro. Estão
vendo aquele senhor,
um tanto curvado na
cadeira de roda? Olha
bem o cabelo branco e
o rosto enrugado...
Tenho uma notícia: é o
Major Curió, que era
deputado. O terno é do
velho uniforme com que
ele entra e sai do inferno.
Esse homem já foi espião,
torturador, um assassino.
É difícil esquecer a cara
do canalha. Sério: não
quero amaldiçoar Bra-
sília, mas é preciso que

se diga: a nossa capital
é cheia de gente maligna.

Em Brasília todo mundo
se diverte, o presidente
briga, o Ustra tortura e
um filho da puta arrasta
uma senhora presa pelo
fio do balão que vendia.
Brasília. Quem viu o
espetáculo, ria: olha a
velha arrastada pelo
carro importado. Uma
égua! Era um tal de
criança pular, tanta gente
batendo palma, anda,
anda, velhota. Depois o
carro abre a porta e o
homem solta o fio só que
leva o balão e coloca a

cabeça na janela: velha,
esqueça hoje, vou pagar
no seu próximo show. O
som do choro ninguém
ouve. Logo o povo esquece.
Na cidade-satélite a neta se
desespera: vovó que machu-
cado feio é esse? Não tenho
nada, menina, eu caí e perdi
o dinheiro da venda. O geno-
cida mora em Brasília, o
traficante de cobra e temo que
todo tipo de milico: do ministro

ao pior heleno. Uma coisa
é certa: cidade de merda. Ouça
o aviso: terra de assassino. Não
chega perto: fuja! Carlos
Alberto Brilhante Ustra.

CANTO TRÊS

Não tem mais espaço
para a aposentadoria,
mas o Brasil continua
cansado. Esse país
virou um orfanato.

Dorme menino
porque aquilo
um dia passa.
O seu avô era
lindo, você não
lembra. Fecha
os olhos mesmo
marejados e
imagina os abra-
ços dos velhos.
Dorme agora

quem sabe vem

o dia de rever

toda a família.

Não dá certo e

o mais velho

fica nervoso.

Os olhos do irmão

abertos, quem

sabe cegos.

Chegou a vez

do de oito

ninar o de três,

é bem pouco.

Se for mais velho ainda

(talvez tenha dez)

aí então assistiu a tudo.

Não consegue ninar o irmão

até o fim, pois não sabe

se de novo o mundo
pode se transformar na
guerra contra os seus
velhos. Ele de repente
cresceu e virou o pai.

Não.
O irmão nunca sabe acalmar:
ele não é o pai, balança,
na verdade é outra criança,
tenta, inclina, mas aí o sono
desaparece, abraça, só que não
sabe e aperta na garganta, é
forte, o menor grita e corre.

Dorme, rapaz, vê se sonha com
seu pai. Descansa, menino, vê
se enxerga o carinho da sua avó.
Só não acorda cedo, irmãzinha,
que seu brinquedo ficou em casa.

A gente tinha o urso e a boneca.
A garganta aperta, o irmão fecha os olhos. Ele sente vontade
de fugir. Não tem coragem. Deus,
peço que os salve e com pressa.

Aos poucos é o discurso
que imagino de longe:
Onde estão seus avós?
Nós não sabemos, ouvi
um maior dizendo e o
outro, um pouco menor
também não conseguiu
lembrar. Quanto tempo?
Lembro alguma coisa,
só pode ter dito o outro.
Os dois com ambas as
mãos no rosto, embaixo
está o moço adulto, que

perdeu os dois pais. Mas
os três ficam juntos. O
novinho está sem falar
faz tempo. Seu irmão,
agora pai, sabe o que
o quase bebê ouve. Es-
sa cantiga nunca o irá
acalmar. Que não ouça,
torce resignado pela
irmã, o som contínuo
da tosse. A morte os
levou, ficaram apenas
os jovens. Eles podem.

Insisto: não é nada pessoal.
O Ministro da Saúde é o tí-
pico milico. Mistura de porco
com cabra, faz cara de bravo
só que no trabalho é uma piada.

Escroto. Marionete de genocida,
coça a barriga enquanto avisa
que a vacina demora. Não tem
um plano, nem sabe direito se
estamos em estado grave. Não
fala, parece que late, só que bem
baixo, quase um grunhido. Diante
disso, deixo o meu grito: que
Deus me ouça e foda esse maldito.
(O vocabulário é inadequado, mas
por outro lado meus termos são óbvios:
temos centenas de milhares de mortos...)

PROFISSÃO DE FÉ

Quando vi uma menina bem nova grávida, me confundi com a data. Pela barriga deviam faltar três meses para o parto. Alto lá! Quando os milicianos começaram a estuprar? Foi tudo muito rápido. Acho então que há um ano. Não pode ser pois você não aguentaria tanto na rua. A gente se acostuma. Tenta então contar os incêndios. Já não tenho boa memória. Ora, faz um esforço. Mal te ouço. Posso gritar? Vai! Ouvi tudo. Então não ficou surdo? Ainda. Você tinha falado da menina grávida. E a senhora dos incêndios. Temos que dar um jeito de contar o tempo. Que diferença faz? Talvez você entenda melhor como agir. Tenha dó! Agora é tarde. Você não acredita nisso. Não fale por mim. Falo sim. Caralho, agora todo mundo sabe a verdade? Se você acredita, amado, por que não abandona a folha? Então ouça uma promessa: minha esposa eu não posso mais, por isso tive força para mutilar os dedos da mão esquerda. Não esqueça que você é destro. Eu só quero ver o menino mais uma vez. Só isso? Sim, aí jogo o livro no lixo. Por enquanto, vou te dizer que acredito...

Tudo aconteceu muito rápido: o que mais teve para quem pulou no bueiro foi transtorno póstraumático. Não tive isso porque

fiquei com o vírus. Por um tempo
o adulto fugido tremia. Então,
precisava de ar. A milícia juvenil
o via e atirava. Foi quando no
início desconfiaram que estávamos
aqui embaixo e passaram alguns dias
abrindo os bueiros. Ou era só tiro.
Uma única vez entrei no parque.
Notei que continuava perto de casa.
Ali achei a galeria de esgoto. Quando
saí, percebi que o Pavilhão da Bienal
se tornara um ponto de execução
dos adultos companheiros dos
infectados. Caralho. Antes, era
apenas nos shoppings. Assim: seu
marido tosse, a milícia juvenil o
mata, você entra no carro e mais
tarde é executada. Quanto à
criança, vai para um orfanato. Ca-

ralho. Deve ter sido a terceira fase.
Se não embaralho, durou um semestre.

No começo
meu medo
era não re-
conhecer o
jeito de andar,
o rosto do meu
filho, até no
pior momento
ter certeza de
que tinha
mesmo um
menino.

Minha voz
repetia sozinha
o nome, montava
de olho fechado

todo o rosto,
a idade, para
quem sabe, se
for preciso: isso.

Não vai ser eu
(é certo) e talvez
sequer alguém do
meu país. Quem
sabe um desses
que foge. Chegará
a hora de compreen-
der: a gente vê, sim,
aqui, o Mal. Deixo
uma dica: uma fonte
dele é a ministra
Damares, que nem
esconde a crueldade.
É a minha pista ló-

gica: ela vai receber
em troca (para quem
gosta de metafísica)
o dobro do que fez
em vida. Posso estar
errado com a conta,
pois o ruim não se
multiplica e sim
apenas se divide. Se
for isso e nessa
mulher há de fato
muito, sinto: no
Brasil o Mal chega
ao infinito.

Sente fácil quem
pensa o Mal disfarçado
de bem da ministra
Damares: é o mesmo

que o do presidente:
me preocupo com a
família, afirma, e
logo depois: gente,
fuzila esquerdista! O
Mal confunde não só
o raciocínio, pois
age como a poesia:
ele, sim, tira a defesa
e qualquer alternativa.
Não há escolha e com
isso a angústia impede
qualquer hipótese diferente. O Mal diz:
se não for assim, é o
inferno, e ao mesmo
tempo abre-nos a
porta: se chegou aqui
não tem espaço para

uma volta. Olha como
é quente... Dá medo?
O Mal sempre leva junto
seu espelho. Por isso
multiplica o que
acontece com ele mesmo.

O Mal sangra e
nem demora:
de repente entranha.
Quem reclama
logo ganha a
cicatriz. Assim
ele passa de
incômodo para
marca e enfim
você explica:
já não dói. No
início era só

uma ferida
e agora é
toda a vida.

O silêncio também
não soluciona:
insônia não é alegria.

O Mal domina, basta
que a ministra pro-
nuncie sua palavra
mágica: vá, família
de bem, aja! E a
cidade toda para.

O Mal ganha assim
que se pronuncia e
se multiplica quando
a gente reage. Se
você cala, invade. O

Mal vive nessa posi-
ção ambígua: para
que acabe, gente como
Damares não pode
jamais começar.

O Mal consome
(a gente quase nunca
sabe) porque muitas
vezes tem outro nome.
Pode ser que alguém o
chame de radicalismo,
isso se for religioso ou
político. Há quem ache
que faz defesa da pátria.
A palavra varia e fica
clara a razão: junto com
ela vem a morte com
festa, a reza e um símbolo:

a ministra Damares, essa
não engana, qualquer que
seja o nome de que lhe chama.

Se o velho tosse, morre
decretaram os jovens.
Eu, no meu caso, fugi
e ando sozinho, aguento faz tempo o esgoto.
Vi na rua um bloqueio
e pulei no bueiro. Depois levaram os dois,
meu filho e sua mãe,
e pintaram a porta do
apartamento de vermelho. Nunca esqueço a
visão dela no carro e
dele na calçada mesmo.
Fugi e preparei o meu
próprio e ermo enterro.

Sempre penso: se
tivesse ficado no
apartamento a história
da minha família seria
outra, e aí tenho vontade
de costurar a boca.
Os dois poderiam
ainda tentar fugir, pois
a milícia levaria só
a mim, ao menos de
início. Por isso, é
preciso ter em mente:
a literatura sempre faz
vítimas, ainda mais em
um país conservador.
Não sei se o Brasil vai
virar um deserto
separado do resto do
mundo. Se não, minha

herança pode ser o
caderno que deixei
perto dos meus livros
defendendo tudo isso.
Essa esperança alivia,
mas nem tanto, a minha
covardia.

O cenário é sempre o mesmo.
Pense: creio que um limbo
caia aqui muito bem, sem
qualquer lado, assim com o
céu ralo e desse jeito a vegetação.
Medo? Não vejo. As personagens
são esses homens amáveis que o
teatro esconde. Acabo agora
explicando que os nomes nem de
longe importam mais que a função
cênica. Atenta para a hipocrisia,

paga o ingresso, entra na fila e
ache sua poltrona. Seja ágil e esconda o resto, leitor irresponsável.
É só o que peço. Se tudo estiver claro,
não fuja: bom espetáculo, filho da puta.

CORO: vamos fazer uma
denúncia: o Lísias usa o
que leu pra se safar. Diz
que a poesia é falha e
ineficaz e acaba desistindo.
Antes que seja tarde, porém,
volta aos romances. Ele não
erra: vai dizer que não é poeta!

LÌSIAS: no que é o meu
domínio, respondo que o
coro é anacrônico por si
mesmo e, além disso,
mistura as coisas: não falei

poesia e sim toda a literatura.

CORO: a diferença é frescura.

LÌSIAS: certo, mas vamos deixar claro: acho que toda a arte não vale essa realidade.

CORO: então é isso: começa com poesia e termina com todo o fazer artístico.

LÍSIAS: é o que penso, e se não se importam, peço silêncio e sobretudo muito respeito.

CORO: ainda é bastante cedo para nos calarmos aqui.

LÍSIAS: não, é tarde demais.

CORO: para onde você vai?

LÍSIAS: vou me mutilar.

CORO: No papel é bem simples.

LÍSIAS: como eu disse, a literatura só finge.

CORO: Começou a nos dar um nó.
De você, Deus nos livre!
LÍSIAS: nunca quis que vocês me invadissem.
CORO: Vai nessa, sai! Basta que nos cale.
É você no comando.
LÍSIAS: Calo! Sou poeta, portanto, um baita covarde.

Veja: isso aqui não é poesia grega e não sou poeta. Era romancista, portanto, covarde, e fugi para fazer o meu último livro. É disso que falo: da mágoa do fracasso. Logo, me mutilo. Digo: de verdade. Mentira, só na poesia. Por isso, a realidade da literatura é sempre covardia.

Eu digo e repito que foi tudo muito rápido. Há

quem fale que a desgraça sempre esteve clara. É certo que o Brasil logo vira um deserto. Vai sobrar apenas as crianças incapazes, por causa da idade, de matar o mais velho. Um bebê será olhado com medo ou tédio, talvez raiva. Haja estômago para pensar nisso, mas é preciso. Os sobreviventes vão morrer de fome. Quando só eles restarem o horror vai se instalar, será o pior dos infernos e nenhum adulto para ter dó. Outro dia um zumbi

(que estava escondido)
se desesperou e correu
até os quatro sobrinhos:
meninos, acho que sozi-
nhos vocês não vão
conseguir. Quando o de
doze o agarrou, sem nem
reconhecê-lo direito, como
se ele fosse um brinquedo,
os três outros, mais novos,
o apedrejaram, matando-o.
Enfim, acenderam a fogueira.
Minha morte foi bem antes,
colocaram fogo no meu
corpo um pouco depois desse
caso. Ainda havia alguns
velhos vagando, ou melhor,
adultos: muitos não digo,
pois sobrevivi um bom tempo
fugindo. Eu só queria ver o

menino mais uma vez. A
maioria desistiu sem resistência. Preferia tossir, mesmo
se fosse teatro e logo se
entregar. Acabo na hora com
a tortura: muitos se suicidaram,
e antes mataram o filho
para não deixá-lo naquele
inferno. Hoje, acho o mais
certo. Mas não quero pensar
muito, pois o pior foi o que
fiz e depois que morri não
posso viver sem remorso.

Um dia sonhei,
ou pode ser um
delírio por causa
da febre, não isso,
com o menino em

um jogo, ou era
outro brinquedo,
na verdade quem
sabe não fosse o
mundo, tudo junto
em um carro de
bombeiro, nem os
bonecos desenhando
o quarto inteiro, acho
que o globo da escola,
ele me olha de longe
e apoia o pé na bola,
enquanto corre
gritando que vai fazer
o gol, aqui vou eu! E
nessa hora o povo
todo acorda e grita,
ele brinca, que de novo,
pai, a seleção é um
orgulho, e se desfaz.

Não dá para dizer que a tortura foi o jeito que me mataram. Creio que pior foi a longa procura que fiz depois de fugir. Tudo aconteceu muito rápido. Da minha esposa eu soube um dia no parque, quase sem querer: no claro, o louco se escondia da milícia, às vezes no esgoto, embaixo de um toldo no bairro cercado, em um prédio vazio. De noite, às vezes encontrava outro que sabia. E a notícia ia de boca a, cada pessoa mais louca: a sua esposa, me ouça estava naquele grupo. E isso é tudo. Outro zumbi gritava: tem uma umlher perdida no parque. Será ela? Não era, mas identifiquei: uma vizinha. Mal me aproximei e a coitada fez um sinal com o braço. Não largo

mais a imagem, todo dia imagino a
cena e repito para mim: entenda,
isso vai acabar quando o menino,
lá eu desisto.

A literatura finge até a morte.
A gente não procura e sim foge e
ela, cheia de pompa, encontra
qualquer um. Pior que o inferno
é esse eterno mundo que tudo pode.
E até quando se diminui, fingindo
não poder nada, a literatura cai
na velha contradição: então
porque por fim não se cala?

Como foi tudo muito rápido, não
me lembro direito, creio que me
escondi aqui embaixo em um
bueiro. De noite corri sem muito

jeito até a Zona de Exclusão de Velho. Fiz o caminho certo pois já o conhecia. Para quem é de São Paulo: pega Moema e não vai longe, entre o aeroporto e o Monumento às Bandeiras. Passei muito tempo lá dentro. Só andava de noite, até que hoje identifiquei uma fachada, vi que era um café da outra época. Estava perto do Ibirapuera que, descobri enfim, recebeu as esposas dos maridos com COVID. Estive lá, mas só restava o cheiro do massacre. Cortei três dedos do meu pé. Não senti dor. Nem arde...

EUROPEU

Quando partires em viagem ao Brasil
veja se é o momento certo:
não quero que encontres corpos
na calçada. Nossos ossos precisam ter
desaparecido. A espera não terá sido
um desperdício. Encontrarás no que
resta das nossas ruas os chimpanzés
que suas fantasias sempre desconfiaram
cruzar com nossos carros. Não teremos
os bandidos nas praças, nem nossos
vícios por sexo e tiros, conforme teus
filhos nos pintaram. Nem os índios
estarão por aqui. Verás que no fim
o que nos sobrou ficou parecido com
o desígnio que sempre imaginaste por aqui:
animais, mosquitos, cobras e uma selva
em plena praça serão teus destinos.

CANTO QUATRO

Quem tinha doze
estava deixando
a infância. Agora,
é como se fosse
adulto. Para essa
gente os velhos
têm dezesseis.
Pegam o adoles-
cente de costas.
Começou com uma
gripezinha, acabou
com o Brasil, um
país de cobras, de
crianças assassinas.
Nem fronteira, nem
saída: parece velha,
acaba sua vida. O

adolescente grita e
ninguém o ouve
Ele não é mais no-
vo. Morre, estorvo.

sempre foi importante
agora bem mais que antes

a literatura não vale nada
(a bem da verdade, toda arte)

é apenas uma forma de barbárie
que acumula séculos de danos

estamos agora diante de outro
e mesmo assim só morro

depois do último livro pronto.
o problema não é de fato esse

e sim o encadear de exclusões sem
limite, o fingimento, a gente insiste

em todo tipo de dor falsa e o que
passa é sobretudo o gênio do autor.

CORO: com você é o mesmo, ou pior,
porque sabe bem o roteiro...

LÌSIAS: não mereço nenhum reconhecimento
pois adianto: sou covarde, desgraçado e violento.

CORO: de novo, vai ser adulado por ter dito isso.
É algo incontornável.

LÌSIAS: eu sei, coro desgraçado, mas vou tentar
estragar esse poema.

CORO: tenta! E se conseguir, vai também para a
história.

LÍSIAS: O único jeito é sair fora?!

CORO: parece que você entendeu que a literatura
é foda.

LÌSIAS: achei sua rima uma bosta. Vou economizá-las

e ficar só com um conjunto sonoro.

CORO: não seja bobo, tudo o que fizer acabará compondo a obra.

LÌSIAS: é um círculo sem saída?

CORO: isso, e você ainda fode com a vida de muita gente.

LÍSIAS: o coro é sempre um exagero, mas me explique.

CORO: não seja falso, a explicação é sua.

LÍSIAS: Te dou voz e espaço.

CORO: Palhaço! É você que me cria e escreve só o que quer.

LÍSIAS: mas coloco outro ponto de vista.

CORO: lá vem o artista e seus artifícios gramaticais.

LÌSIAS: é bem mais que isso. Wittgenstein.

CORO: certo, vamos falar de filosofia.

LÍSIAS: coloco a voz do outro no meu trabalho.

CORO: que sacana! Você engana quem com
essa fórmula velha?

LÍSIAS: vou representar na arte algum menino
da favela.

CORO: Lá vem ela, a literatura: uma construção
qualquer, uma voz invertida, palavras meio ausentes
do mundo dos leitores.

LÍSIAS: qual o outro jeito, me diga?

CORO: é você o artista...

LÍSIAS: eu sei e sei que não tem saída.

CORO: finja controle e nos faça
calar o boca, porra.

LÍSIAS: certo, aproveite minha pouca
vergonha.

CORO: e você não se exponha tanto.

LÍSIAS: que fofo, me dando conselho?

CORO: não tenha medo!

LÍSIAS: não tenho, virarei um santo,
o poeta manco do primeiro canto.

CORO: isso não tem chance. E a rima

ficou péssima.

LÍSIAS: avisei que ia estragar a peça.

CORO: não é peça, é poema.

LÍSIAS: tem a mesma intenção: a sonoridade.

CORO: olha, Lísias, muito pouca...

LÍSIAS: é osso! ainda não calaram a boca?

CORO: típico do vaidoso: ficou nervoso. Só depende de você, nosso poeta.

LÍSIAS: espera, uma última coisa.

CORO: com essa súplica, está certo. Diga, se te anima.

LÍSIAS:

Por uma ou duas vezes
cheguei a pensar que
tudo isso não passa de
uma febre. Esquece,
esses meninos agora
estão mesmo pra sempre
sozinhos. Quem irá

recebê-los? Temos os
vizinhos que tornaram a
fronteira um precipício.
Isso quando não colocaram
minas terrestres no chão.
Aos poucos o mundo vai
se esquecendo que um dia
o Brasil existiu. Quem
sabe o futebol, turismo
sexual, o sol das praias?
Mesmo isso é substituído.
Não vivo mais tão longe,
é certo. Acho que só abrem
o fosso quando esse país
de merda virar um deserto.
Aí talvez cheguem a um
porto lindo em busca, de
novo, do nosso ouro. E
dessa vez sem um índio.
Nunca vou descrever o odor que

sobe dos presídios junto com a
neve de fumaça. Minha casa ficava
longe? Quando ouvi o que tinham
feito, logo entendi que esse tempo
todo andei muito pouco. Nunca vi
as chamas. Segundo aquele homem
que tremia o corpo todo, o fogo
podia ser visto a muita distância.
Mas não o cheiro. Quero deixar
claro que incêndios eu sempre vi
muito. Sem susto a essa altura:
se o prédio tinha espaço, exigiam
que os adultos empilhassem os
velhos e acendiam a labareda.
O presidente lutava para dobrar a
meta do número de mortos e com
isso, batia muita punheta. Ninguém
aceita uma coisa assim na poesia:
se o adulto tosse, o empurram junto,
ele vira cinza. Depois dessa era,

o Brasil destruiu qualquer regra
artística, avisa o poeta.

A criança era fofa, só que
nessa situação vira moça.
E a moça, agora, é idosa
e implora pela vida. A menina, ex-fofa, não alivia:
para que eu viva, preciso
que você, sua velha, morra.

Não caminho, rastejo.
Mereço esquecer de
tudo, pergunto enquanto
tento debaixo do frio e
do sol recordar o meu
nome. Da memória,
pode ser que eu consiga
uma imagem bonita,
afinal de contas é poesia.

Vou tentar fechar os olhos
e fazer uma lista de desejos:
um beijo, estremeço logo de
cara. Penso nos poemas que
decorei por tanto tempo e os
recito imprudente, de repente
alguém me cutuca aqui, pulo e
grito: é um miliciano, eu que
tanto fugi! Mas o homem só
murmura: por que pula, panaca?
Olha, reconheço: tenho medo o
dia inteiro. Ele me aponta uma
faca e pede minha mochila.
Não tenho nada, respondo, ele
avança, eu abro os braços e
grito: me mata. A lâmina brilha
no frio e o cara escorrega. Não
foi isso: ele desmaia! Pego a
faca e corro. Meu olho escurece,

resolvo me esconder no bueiro,
a noite chega. Tento fixar na
memória o rosto da minha
esposa: que coisa, não consigo
e então me corto. Não me importo com a dor, ao menos
vou dormir melhor. Sinto dó
de mim mesmo, não
mereço: sou um esterco
imprestável, um lixo pior
que um rato, um perfeito
desgraçado. Agora sonho:
tenho um pesadelo. Vejo
que tudo voltou ao dia que
tossi e logo depois o interfone
tocou. Peguei algumas coisas
e fugi pela escada, a milícia
invadiu minha casa e levou
minha esposa e o meu filho.
Foi tudo muito rápido, ele na

calçada e ela no carro. Vi de
longe e apertei o passo. Então,
fui enganado, não me lembro
de nada, só dessa faca, do corte
na cara e do pesadelo que me
jogava de volta em casa e que
me lembrava da fuga. Nunca
mais esqueço e muito menos
lembro de quase nada.

Rejubilai-vos, senhores!
Comemorai!
As crianças agem pior que
animais selvagens. Um
garoto de quinze morre
com a cabeça no esgoto,
ateiam fogo e ele vira cinza.
Alegria! Vencemos a pande
Comemoremos! Vejam: nós,

adultos, lhes ensinamos tudo.
O futuro anda pra trás. Logo
mais os de doze serão
minoria e vão para a lixeira
ou, para sobreviver,
sufocarão o motim com
bombas. Quantas? Todas.
Venham ver isso: do
vírus, ninguém lembra.
Alegria! Vencemos a pande
Repitam em voz alta: a
peste sumiu! Agora, os
meninos brincam de fogueira.
A cor sempre lhes atraiu, o
fogo. Todo garoto tem
medo e vontade de se
queimar. Mas não coragem.
Agora não precisam mais se
preocupar: eles são os pais!
Alegrai-vos todos! Alguns

assistiam à brasa, um

menorzinho ria e de

brincadeira outro maior

o empurrou para a fogueira.

Rejubilai-vos, adultos,

conseguimos a tarefa:

embaixo da terra, é bela

a visão da desgraça? Ora,

tudo passa, dizíamos.

Alegria, passou a pande

AUTORETRATO

Não me furo:
procuro um estilhaço
enquanto aguardo.
Não sei se ando, ou
relaxo e o rato
vem até o meu
corpo. Peço ajuda,
ele me escuta e
responde: claro!
Depois pergunta do
que preciso. Digo
que tenho dúvida.
Já que não sabe,
o rato responde,
talvez ache que o
ideal é que eu morda
todo o seu corpo.

Tiro a roupa e
lhe digo: é isso!
Quando me viro, já
sinto o dente me
roendo. Agradeço,
Deus, pela graça. O
rato ataca o meu
rosto. Peço: mais um
pouco e ele rói
meu braço. Passo-o
para o pescoço
e agradeço: obrigado,
volte sempre, rato.

Não vou ser ridículo
e, só para ter uma ri-
ma, dizer que cortei
meu pinto no dia cinco
ou, sei lá, debaixo de

um sol lindo. Sequer
fiz isso, apenas machu-
quei o saco. Doeu pra
caralho, mas agora pas-
sou, eu já nem sinto.

Só o que me distraiu um pouco
outro dia foi um pássaro que se
aproximou de mim. Acho que
sentiu o cheiro do suor, muito
torto tentei tocá-lo, ele veio
mais perto. Quero vê-lo melhor.
Só que meu olho é um outro
caso, se o abro sinto dor e
então prefiro passar o dia fechado.
Sigo de noite o caminho que me
ensinaram: o orfanato está no
fim de uma avenida. Ainda o
ouço cantando e finjo com a

boca que tenho um bico. Quando
bato a cabeça na parede, imagino
que estou fazendo um ninho e
quero com isso ter certeza de
que o menino está mais perto.

Eu tinha muita dificuldade
no começo, hoje desço fácil
no esgoto, há um fosso ago-
ra onde posso perguntar di-
reto para o próprio rato se é
o caso de cortar um pedaço
do pescoço. Não te ouço, ele
me responde. Desde ontem
já não consigo sequer com-
preender se ele avisa que no
final, diz o rato para o outro,
não há mal em estancar a
ferida e o sangue com lodo.
Ache um som parecido

e diga que você tem uma
rima. Não serve para
nada, mas afirme que o
mundo precisa de beleza.
Claro: milênios de rimas!
E o que temos? Uma
criança de catorze virou
adulta e agora abusa de
outra de onze, já que é
mais velho. Foi isso aí
que o belo nos deixou...

Menos mal para explicar:
Um gabinete do ódio, a
família do beócio e o
país vira um caos. Nem
precisa de vírus, mas com
ele nem pacto divino nos
salva. Viram que o Papa
não larga os fiéis, mas para

isso quer bom senso? Todos
os países menos o Brasil! O
que importa é que não tinha
um comunista em Brasília
para enfrentar a pandemia.

Cortei-me
o peito
com quatro
traços
transversais
ao ver
uma menina
de oito
levando um
bebê ao seio,
como a mãe
havia feito
antes desse

tempo de
medo.

As crianças achavam que nas escolas estavam protegidas. Algumas foram, sobretudo as meninas, de uniforme. De longe vejo um adolescente que fode uma bem novinha. Parece a velha ladainha: agora sou homem. (E é branco.)

Vi três meninos se masturbando. Nessa situação o vocabulário não importa tanto: batendo punheta. Balançavam a cabeça e gritavam, meu caralho, meu caralho! Pensa em algo pior. Para eles, não parecia estranho que não saía o gozo (digo a porra). Pensa uma coisa: agora o mais novo não goza, então

logo o Brasil termina. Antes, estupra
a menina, para não fugir da rotina.

Em uma dessas casas achei a TV ligada,
mas sem imagem. Fiquei trêmulo, tive
certeza que um fantasma iria roubar a
minha faca. Você não larga, ele me disse,
e eu respondi ríspido: se vier te mato. Sou
um espectro, continuou o outro, e eu tenho
gripe, lhe disse. Logo o colega saiu de per-
to e com meu espirro sumiu. Dormi nesse
abrigo e de manhã cortei meu pinto, mas
ele não saiu inteiro. Prendi na cueca a parte
que me resta. A outra atirei pela janela.

Canivete, venha à minha pele e
toma a minha vergonha como
modelo de corte. Pode ser

profundo, tudo que precisar.
Mostre o segundo nível da
epiderme. Desce bem vaidoso e
não perde a oportunidade de
romper a carne viva. Canivete,
quanta sabedoria não carregas
nesse porte discreto? Quero
de ponta a ponta, suba certeiro,
escreve no meu corpo o sinal
do desgosto de que o papel jamais
será capaz. Vai, canivete, investe
com força, não escolha um ponto
escondido. Deixe escrito com toda
clareza: que o homem se foda.

COME ANANÁS

Apenas não diz, as
tosses são leves para
o burguês. E hoje o
meu ódio, você não
deve, eu daria uma
pedrada nessas crian-
ças, os jovens, eles
somem longe e com
a pedra martelo meu
dente. O rosto se enche,
é sangue, um deles diz?
Como assim, se me
veem, eu morro. Ouço.
Quem me viu? Eu te
vi. Me viu? Vi. Aviso
que jogo a pedra, não
me interessa sua idade.

Onde? Em quem me viu. Sem esforço na verdade acerto meu rosto. Gente é pra brilhar. Como eu sei? Eu li. Tem um livro no terceiro andar do meu prédio. Quero. Procura um caderno vermelho. Aceito. Mas tem que ser bem lento. Olha, é meu dedo. Tenho. O vento incomoda. Você me enrola numa coberta? Bem na testa. Sem estante, é uma pilha. Sangue, você bem sabia. Na pia.

foda

foda

foda

uma foda agora
só com a faca
que ela me abra
do cu à vara
nem me fala da
febre
muito menos escreve
que o pau não cresce
também não serve
esperar o sêmem:
se o corpo treme
não há quem aguente

Hoje admito: fugi só
para fazer um último
livro. O rosto me arde:
não vale a pena ser tão
covarde. A literatura é
sempre meio filha da
puta, só que mesmo

isso é uma desculpa. A
arte de combate torna
o autor um herói, mas
ele foi à rua? Sua luta é
morna. Agora piorou.

Valeu a pena? Tudo
vale o caralho. A gente
alimenta a mentira até
que chega o dia do
contraste da arte com
a vida. E aí todo mundo
sabe que é tarde.

CORO: queremos enfatizar que
existe um grupo de ensaios.

LÍSIAS: voltaram, caralho?!

CORO: sem grosseria, já que
imagem nenhuma se acha aqui.

LÍSIAS: cala a boca, gente de
pouca sensibilidade.

CORO: você não quer ser
sincero?

LÍSIAS: quero.

CORO: então nos cale!

LÌSIAS: aceito uma imagem,
como as milhares de outras:
nesse vale bonito já não sinto
meus dedos do pé direito.

CORO: Pare e nos devolva
essa faca.

LÍSIAS: que nada, é só lâmina.

CORO: agora chama as musas?

LÍSIAS: e vocês se recusam a olhar?

CORO: não nos torture!

LÍSIAS: então não me usem para as
velhas hipóteses.

CORO: só você pode?

LÍSIAS: olhe quanto sangue.

CORO: melhor a morte.

LÍSIAS: ela vai chegar para mim
bem lenta.

CORO: a literatura não aguenta.

LÍSIAS: rima com tortura.

A degradação chegou ao mais baixo nível.
Alguns achavam que já não era possível.
Sempre há um copo de merda para o homem
se degradar. E também os meninos, quando
viram de repente gente grande. Nem sentem,
é natural: estupro, assédio, abuso, acúmulo
de tudo. É a História. O fim do mundo está
bom para o adulto, mesmo se ele for um
garoto diminuto.

CORO: então você acha que o mal na verdade
é natural?

LÍSIAS: essa frase de merda é só para ter uma
rima?

CORO: você não sossega. Responda!

LÍSIAS: morram!

CORO: nos dê mais uma chance antes da morte.

LÍSIAS: Nada. Não quero! Andem agora para a barca, corre!

AUTO DA BARCA DO INFERNO

Lísias enxota o coro,
que agora se divide
em duas barcas separadas
por um triste
cais. (Um aviso:
o rio nada mais é
que o poluído Tietê.)
Logo se vê um baixinho
empombado.

CORO (junto): Bom
dia e isso é tudo: em
qual barca viaja,
cidadão do mundo?

BAIXINHO: Pela
minha virtude e

coragem, minha próxima cidade, depois de Brasília, só pode ser o paraíso.

CORO (do céu): mas que esquisito, julga-se a si mesmo?

BAIXINHO: no meio do juízo, receio ter muito crédito. Espero entrar sem problema no paraíso.

CORO (do céu): o senhor só fala ou também rema?

PASSAGEIRO: tenho

o braço pequeno,
mas temo que não
seja difícil encon-
trar quem me faça
esse pequeno serviço.

CORO (do paraíso):
e por que acha o senhor
ter lugar cativo no céu?

PASSAGEIRO: tornei réu
muito homem poderoso.

CORO (do inferno): seu
nome é Sergio Moro?

MORO: muito prazer
em fazer o certo.

CORO (do inferno):

Espero que esteja disposto a enfrentar o juízo final.

MORO: penso que nem o Supremo conseguiu me dobrar, é um fato.

CORO (do inferno):
Você foi sempre imparcial, garante?

MORO: minhas sentenças são irretocáveis para quem pensa a justiça sem interesse.

CORO (do inferno):
Como a polícia?

MORO: que faz um
trabalho bem bonito.

CORO (do inferno):
Gostei de ouvir isso.

Moro tenta se aproximar
da barca do céu.

CORO (do paraíso):
O que é isso, alto lá,
bedel de presídio!

MORO (voz de marreco):
cuidado, não é difícil
prender mais três.

CORO (do inferno): essa
quero ver, o baixote ameaça

prender os barqueiros.

Em frente, vai!

CORO (do céu): e se nos
prende, quem te leva ao
paraíso, homem ansioso?

MORO: sempre há quem
se interesse por um juiz
corajoso que foi ministro.

CORO (inferno): isso que é
um homem bastante sincero.

CORO (do céu): quero
ver, vem, ó consciência
da justiça, nos prenda!

Moro pega o telefone:
- Onde você está, Deltan,

me ouve? Amanhã inverta a prova. Agora peça uma nova audiência sem a presença da promotora.

CORO (do inferno): porra, ele nem esconde.

CORO (do céu): vai vir toda a turma?

MORO: arruma espaço ou sai do meu caminho.

CORO (do inferno): isso!

Deltan chega, esbaforido
(Veste cuecão e suspensório)

DELTAN: do que precisa,
imploro que me diga,
meu ministro da justiça.

MORO: que me empreste
os seus remos e a luva.

DELTAN: escuta, se quiser
lhe dou até meu braço.

CORO (do inferno): caralho,
vai sobrar até para o rabo.

MORO: peço atenção com
esses barqueiros suspeitos.

DELTAN: nem partidos in-
teiros encararam o senhor.

CORO (do inferno): vejo o
porco erguendo o rabo.

MORO: acho importante ser
logo, sem perda de tempo.

DELTAN: queira aceitar esse
tapete. (Faz sinal de "sua
Majestade" e deita no chão.)

CORO (do céu): aqui não
tem quem passe, ó pajem.

DELTAN: se dizem anjos e
querem chatear nosso juiz
abnegado, um ministro!

CORO (do inferno): quem vem
lá por último? Vejo um grupo.
Aproximam-se três membros

do Ministério Público. Usam uma tanguinha (independentemente do sexo) e entoam:

Vem cá, meu Moro, vem cá, juizão, quero a sua vara!
(2x)

CORO (do céu e do inferno):
Ah, para!

MORO: Vamos organizar minha parte nessa viagem ao paraíso.

DELTAN: isso! (Tira a fralda e fica pelado): me bate com um chicote, me cospe e me pisa!

Vem cá, meu Moro, vem cá, juizão, quero a sua vara!
(2x)

Moro dá uma pisadinha de leve,
tem nojo. (Deltan parece doido).

MINISTÉRIO PÚBLICO: não
esquece de nós. (Deitam-se
ao lado de Deltan). Mostra
como é que se faz, amigo!

Moro os cobre de mijo.

CORO (do inferno): aqui não
entram, cruz credo. Vá de retro.

MORO: aí eu não quero.
Moro tenta mas não
consegue rir. Deltan
grita: manda um zap!
O resto do Ministério
Público quase goza.

MORO: não meço
oportunidade, não
temo o destino e
aviso, barqueiro:
se não me abre a
entrada, será crime
de responsabilidade.

CORO (do inferno):
quem não percebe
que é uma ameaça?

MORO: (tenta mostrar
autoridade): abre!

CORO (do céu): sua
voz é mel para os
trouxas, senhor de
pouca vergonha.

DELTAN (se ergue,

pelado, o pinto fino
muito duro): juro que
isso não vai ficar barato!

CORO (do inferno): logo
vem a polícia, barqueiro
santo, não demora mais.

CORO (do céu): avisa
quando sentir o cheiro.

CORO (do inferno): creio
que será logo.

MORO: não gosto de
esperar, dá licença, pois
entro sozinho.

CORO (do céu) (solta
a corda, a barca desliza
lenta no rio poluído):

com o Moro não há
quem possa? Então,
vamos embora vazios.

CORO (do inferno):
aqui não cabe vocês
todos. Só para o
Ministério Público
precisaria de uma
balsa inteira.

DELTAN: merecemos
um navio de cruzeiro.
O barco do inferno se
solta. Todos os membros
do Ministério Público
pulam no rio sujo.

MINISTÉRIO PÚBLICO:
E agora, juiz Moro, como
devemos proceder?

Moro se aproxima da
margem, meio ranzinza:
tenho uma ideia: vamos
preservar os aliados.

Ao longe aparece Fernando
Henrique Cardoso.

Moro senta na cabeça de
Deltan, que adora. Na mesma
hora, Fernando Henrique
Cardoso não deixa por
menos e senta por cima de
um dos membros do Ministério
Público, que acha gostoso.

FHC: o país parecia tão
bem, você não acha?

MORO: se o mestre não se importa, prefiro o pronome senhor.

FHC: que diferença faz agora, nesse deserto?

MORO: quero de volta a minha licença de juiz.

FHC: e você pensa que terá utilidade em um país que não existe?

MORO: compreendo a sua crise, só que eu enxergo ainda muita gente.

FHC: não é preciso ser esperto pra ver que sentamos em cima delas.

MORO: não é só o Ministério Público, olhe direito.

FHC: não vejo e nem ouço nenhum barulho, nada.

MORO: na sua frente. FHC comprime os olhos e parece bem confuso.

MORO: o que me diz desse bando de leitor, todo mundo meio parecido?

FHC levanta espantado: Espera! Ainda tem gente aqui no Brasil de merda.

Quem está lendo tem um forte arrepio e olha mais fundo nesse papel.

MORO: agora falta convencê-los de certas coisas.

FHC (interrompe): por onde vamos começar, excelência?

MORO: deixa comigo a sentença. Tenho experiência.

FHC: também quero ser ouvido, ainda mais depois dessa rima péssima.

MORO: não se esqueça de que a operação lhe considerou um possível amigo.

FHC: não que eu desmereça, mas...

MORO (nada fino, quase agressivo): Agora, leitor, você está no meu domínio.

FHC: mas e aquela rima de bosta?

MORO: não fui eu que fiz.

FHC: então me diz quem é o responsável. Não entendo de poesia.

MORO: rimar diz com fiz é mais uma cagada, é esterco.

FHC: além do Direito, o meritíssimo sabe de rima?

MORO: mando um zap.

DELTAN: opa, fala excelência.

MORO: pensa comigo, quem tem feito essas rimas de merda?

LÍSIAS (todo mundo pasmo):
Espera, eu falo: eu que fiz
tudo, até o contraditório. É uma
voz apenas, trocando às vezes
a ordem, as palavras, os temas.

O juiz de merda, o promotor
babaca, o sociólogo pateta. Só
que me resta uma última farsa
e sobre ela todo mundo se cala:

o leitor, esse canalha, irresponsá-
vel e imaturo, procura em tudo
o que quis dizer o poeta, vá à
merda, seu puto, vagabundo. Meu

desejo, franco e profundo, é que
você morra, seu obtuso, para a
gente por fim acabar com o mundo.

Só que o leitor resiste, cínico e
safado, como se fosse impune, já
que em séculos saiu ileso. Agora
eu prometo: vamos todos para esse
inferno que eu invento e você adere,

do mesmo jeito quando se indignava,
aí de casa contra o juiz canalha ou os
fascistas. Reclama e goza da pla-
teia para logo depois ir embora, não

sem antes perguntar lá fora: o que o
autor quis dizer? Você ficou só olhando
(e eu também) o crime todo, seu porco,
e depois se pergunta: se isso não for
uma coisa muito estúpida, eu fui ainda
pior que o autor? Que se foda, agora eu
fecho esse poema de merda e ele, é
claro, vai ser usado de tudo que é jeito.

LEITOR:

Sou Deus e o Lísias que me sirva, a arte que me salve e a vida que me exclua.

LÍSIAS

Sinto bastante medo, mas não aceito:

– Vá se foder, seu filho de uma puta.

CANTO CINCO

Lísias, não tenha medo,
siga em frente, já conheço
seu destino: como todo
cretino apenas corrija a
burrada que a vida lhe dá
de volta a palavra. Nem
se arrependa, branquinho
como você entra de volta
logo no clube. Escreve um
livro mais calmo, sempre
politizado e não se esqueça:
seja simpático. Mas isso
já sou! Vou repetir, pois
você não aprende (deve
ser a febre): sempre
concorde e não faça
alarde. Sabe, Lísias, todo

escritor é canalha, mas
guarda isso só pra você.
Acho que não, respondo,
parece uma bela desculpa:
se todo mundo é filho
da puta, estou salvo.
Ah, pronto, então corta
o saco. Isso já fiz. Agora
abandono a literatura.

Mesmo que avance,
não sou um enxame
e sim o vento passa-
geiro. Esqueço o
resto, atravesso uma
esquina, não sou da
vida sequer uma
linha. Muita fúria.
E você, jura?
Tive um consolo outro

dia, foi pouco mas me
acalmou: vi uma casa
de marimbondo e ten-
tei colocar a cabeça.
Que tonto! Não coube,
mas do braço esquerdo
enfiei até o punho. Foi
fácil deixar lá parado,
lembrei da minha es-
posa e do menino. Hoje
nem sinto essa parte do
meu corpo. Só não corto
pois seria muito esforço.

1.
escutei alguém cantando
    uma menina
sem saber de onde vinha.
    na calçada

procurei a janela, era no
alto

abra a porta, pedi e não
tive resposta

fiquei uma hora ali
ouvindo

depois tive medo: se eu
tossir

perco a chance de ver o
menino

e disso eu de fato não
desisto
por outro lado a canção
me acalma

de cara tenho a boa
resposta

com as costas em um
poste

me amarro e agora com
sorte

ouço a melodia. que eu
goze.

2.

a parte lírica é sempre
cínica

se fosse um poeta mesmo
admitiria
a verdade: a milícia juvenil
veio

e me estuprou, não lembro

como

deve ter sido com um cano

no ânus

depois fui solto e também

espancado

pensei em tossir para assim

acabar com

tudo rápido, só que o

sangue

do lábio e o que escorria

do meu cu

não deixava. só tive mais

um

desejo: revê-los, pois
com
certeza

digo: vieram do orfanato
do meu filho.

falta muito nessa história as minhas roupas
as minhas coisas o frio no meu corpo pelado
o número de dias os meses talvez o caminho
todo o mapa que nunca tive na cabeça a cidade
estava clara só o meu sonho que não
ficou para trás pois foi rápido demais vai ver
que nem sei se faz tanto tempo os mortos
são todos homens os mortos vivos são todos
gente daqui o nome do meu pai era José e a
gente não conviveu muito, se você quer saber
se interessa não sei essa história é longa ele
se foi depois que seu time preferido eu tinha
esquecido de completar ele não gostava da

tinha dia que nem saía da cama. Você chama
de depressão se perceber direito naquele tem
ninguém sabia não tinha nem isso ele gostava
de bebida mas nunca vinha chapado coitado
pensei às vezes mas só antes de me ver agora
essa história está incompleta mas também já era
a poesia é um mapa do meu fracasso não tenho
por exemplo um leito de morte e nem faço
do mesmo jeito vou perder o meu filho crescer
disso de novo não tenho do que me arrependo
ele não vai e ninguém mais o leitor espera parado
morrerei queimado depois de quase cortar
o corpo inteiro feito um amolador de faca no
peito já terei ferido do pescoço ao pinto e uma
das pernas não mexe direito vou morrer bem
feito só que não terei enterro na região de Moema
não tem rio para meu corpo ser jogado quem
sabe no lago do Ibirapuera e embaixo da terra
mas sem uma coisa e sem outra uma tocha com
pouca roupa e depois o fogo talvez doa um pouco

Pai nosso, posso fazer um último
pedido? Estou arrependido por
mutilar o dedo da mão. Não escre-
vo mais. Só que no pesadelo
havia um lápis amarrado. Quero
que me corte o braço inteiro, sem
deixar nenhum pedaço. Amém.

essas estrelas que vejo

e esse cheiro

o que são?

meu cabelo, percebo,

ficou ralo ou preso

em um tufo. Como

o resto, não quero,

como tudo,

pensam no que são

esses meninos

indo para um

prédio, perdidos

e depois
o rosto do
meu filho que se foi
quando eu
muito rápido
salafrário
agora somos dois
de um lado eu e do outro
um pedaço do meu lábio
agora acho até gostoso.

Nesse muro eu podia escrever:
estou enterrado aqui embaixo.

É ocioso: se morro aqui não tem
nem coveiro, cerimônia ou lápide.

Vou escolher para mim o fogo.

Antes ainda me corto bastante.

Deixa-me ir
sem crise e

se de repente
me vou livre
da desgraça,
agarra-me
pelas costas,
molha o meu
cabelo com
fogo, quebra
meu corpo to-
do com uma
pancada úni-
ca e fala que
tudo que mais
detesto é só
um bem lerdo
suicídio. Isso!
Se insisto, não
é por falta de
aviso e sim

porque se as-
sino não sou
mais digno.

a morte consome
você chora o homem
explode. Então vê até
onde possa o corte do
lábio ao pescoço e
perde todo o sangue.
Só me resta o osso.
Corta, faca, de fora a
fora. Estraga. E agora
o homem corre. Corro.
Olhem. Explode. Explo-
do. Morre, escroto. Só
espero mais um pouco.

farinha pouca, meu pirão penteio
o cabelo com o dedo e sai um tufo

pulo de medo queimei a cabeça outra
noite de besta como pude fazer
isso? o seu fósforo é meu negócio
assino dócil um livro depois de ver o
menino, isso eu posso e não peço mais
nada, só essa última porrada na minha
cara cortada acerta o queixo cheio de
sangue do poeta vai se foder escritor
                vou já sei
                       vem

Quando minha mãe voltar,
com a minha irmã, tanto
buraco, acho que vai, ou
quem sabe não. Da arte,
talvez ache esse caderno
e do resto, o neto, o filho
covarde que se foi, e terá
como orgulho um conjunto
de poemas. E isso será tudo?

Quando a minha mãe voltar
eu terei deixado essa vergonha.
Toma conta de um testamen-
to que só vale para quem, por
dentro, divide o mesmo idioma,
restrito a duzentos membros.
Torço para que esse retorno não
aconteça. Na mesa deixei o
sacrifício, o medo e a ilusão
de uma beleza. Melhor é que
me esqueça. Em cima da toalha,
havia uma faca, um lápis e a
pressa. Agora o que resta é quase
nada: um copo de água e o poeta.

Meu cabelo virou sal.
Eu mereço. As minhas
orelhas enquanto me
despedaço, estão cheias

de, falta-me espaço, caralho.
Só mais um pouco. Concedo.
Escute: a poesia é sempre
linda. Penteio o cabelo com
cuspe e meto a escova de
dente no cu. Deixo o sangue
entre os dedos cobrir a
merda que espalho na calçada.
Acho que nada é igual a um
verso cheio de música: escuta.
Escuto e garanto: seu filho da

Três dias depois, ou dez, foram
cinco, um homem com o físico
pior que o meu. Intuo pela voz,
pois não o enxergo: ele grita muito que vão soltar os meninos. Então o sigo. Caminho, mas como
não enxergo, tropeço. Aqui fico.

ERA UMA ARMADILHA

essa hora uma faca me incomoda
lembra muito a história do sacripanta
mas não posso jogar fora.
onde vou arrumar uma pistola?
até queria, quem sabe, treinaria
não tenho prática
                                                  pontaria
então acertaria qualquer outra coisa
menos a boca
e com a faca ainda consigo riscar a
                                      data
que imagino ter sido ontem na parede onde durmo.
sem falar que assim me machuco mais devagar.
às vezes dói, outras, só um ai
e mais nada
                                           sai
um rato pela calçada
                                           cala

uma faca mata mais que

você vê?

Tirei um pedaço da orelha

Queima?

Não, só arde.

Tenta a outra.

Você está louca?

Quem, menino?

Eu te ouço.

Você está sozinho.

Mesmo assim, escuto.

Imagino que muito.

Tudo.

Balança seu corpo

ouve um pouco

escuta o estalar

dos ossos. Um ano

depois, o filho da
puta eram todos.
Um país no esgoto,
um louco, uma
cidade sem velhos,
éramos outra coisa,
não lembro e tenho
medo, olha para o
alto, foi muito
rápido, espera, eu
caio. Sou um
moço? Já não
ouço nem expresso
o resto que perdi,
o mesmo que estava
aqui, estendo o braço
e não acho. Claro, de
novo estou embaixo,
no fosso ou num poço,

não enxergo. Peço algo?
Um lance de dados jamais
Ah, vai, sim e fácil.
            Naufrágio, isso?
Insisto em ter sido
o pior possível
            Naufrágio, aviso
e rezo, Jesus Cristo.
            Naufrágio isso
Tenho esses espasmos
são espaços
isso,
            o naufrágio.
Não é o barco ébrio.
Tenho buscado muita
coisa, sobretudo
quem me ouça. Só
não grito pois não
arrisco ser ouvido
pelos milicianos

jovens. Eles podem:
Deus, ó Deus, caralho, é
um desespero. Mesmo
assim ajoelho e sinto o
cheiro do meu sangue. Me
mande logo para o inferno,
eu quero, e se precisar, Te
xingo, desgraçado.

Ando ando ando
    ESCREVO
        OUTRO ERRO
Ando ando e vejo sangue
Não posso ser lírico
        ASSINO?
Ando ando e não vejo
        Cedo
        Medo

            ESCREVO
            ERRO

Ando ando e chego

Há um tanque de guerra
Mas é de brinquedo
Muita névoa
Terra
Parece um jogo
O cheiro é gostoso
Escrevo ou espero?

Vi de longe: meu menino
estava entrando em um
prédio longo. É um sonho? Não: abri a boca
e a costura se rompeu.
Um moço, bem novo,
segura uma arma. Deve
ser de brinquedo. Esqueço o sangue que escorre
no pescoço. Ouço mas

não me vem nada. Minha
mão se arrasta,
não tenho mais vista.
Me surpreendo. Aparecem
mais garotos de
patinete e outro no
triciclo. Já estão
crescidos e brincam de
pular corda. Me escondo
agora. Não os vejo. Meu
rosto se abre e eu puxo
a pele do queixo. A língua
se pendura. Ouço
um grito: tortura tortura
e alguém me puxa pelas
costas. É o Ustra. Logo
vejo que não, são dois
garotos. Fica aí, velho
contaminado. O terceiro
traz a corda e então me
enforca, (me enforca logo!),

olho em uma janela e
vejo o menino, mas ele
está de costas. A horda
pula à minha volta e
grita: queima queima,
olha o rosto picotado
desse velho. Uma
criança ateia fogo no
que sobrou do meu
corpo e todos voltam
para a brincadeira de
patinete. Jamais esqueça:
NÃO ESCREVE.

O

Este livro foi composto
em papel polen soft 80 g/m2
e impresso em novembro de 2022

Que este livro dure até antes do fim do mundo